Bärbel Mohr und Clemens Maria Mohr

Neues vom Wunschfänger-Engel

Bärbel Mohr und Clemens Maria Mohr

Neues vom Wunschfänger-Engel

Illustrationen von Stefan Stutz

Inhalt

Liebe Eltern, liebe Vorleser,

wenn Ihr Kind das erste Buch vom Wunschfänger-Engel kennt, dann wird es sich sicher freuen zu hören, dass so ein Wunschfänger-Engel nicht nur unsere Wünsche fangen, sondern uns auch bei großen und kleinen Problemen aller Art helfen kann.

Wenn Sie oder Ihr Kind ihn noch nicht kennen, dann fragen Sie sich vielleicht, was denn ein Wunschfänger-Engel überhaupt sein soll. „So etwas gibt es doch gar nicht!“, posaunen manchmal sogar schon naseweise Vierjährige heraus.

Wenn wir Ihnen dann aber – ganz im Geheimen – verraten, dass ein Wunschfänger-Engel eine Art Bild ist für unser Bauchgefühl und unsere innere Weisheit; für die Intuition, die in uns schlummert, dann werden Sie uns, Clemens und Bärbel, sicher zustimmen, wenn wir sagen, dass jeder so etwas hat. Und Sie können Ihrem Kind mit voller Überzeugung bestätigen, dass es so etwas wie einen Wunschfänger-Engel auf jeden Fall gibt. Und man kann ihn jederzeit um Rat fragen!

Das Problem ist nur, dass sich so ein von innen kommendes Gefühl schlecht wiegen oder vermessen lässt, und wenn man es fangen will, dann verschwindet es ganz einfach – husch, husch! – um die nächste Ecke. Spricht man es hingegen an mit einem hübschen Bild, das dem Unterbewusstsein gefällt, eben beispielsweise mit „Lieber Wunschfänger-Engel“, dann reckt und streckt es sich erfreut in die Höhe und sagt: „Wunschfänger-Engel? Das klingt gut. Ja, das möchte ich sein. Ich stehe zur Verfügung.“

Viel Freude beim Lesen und Vorlesen und einen guten Kontakt zum Wunschfänger-Engel – den natürlich auch Erwachsene haben; oder haben Sie etwa kein Unterbewusstsein und keine Intuition?! – wünschen

Bärbel Mohr und Clemens Maria Mohr

PS: Nein, wir sind weder verwandt noch verschwägert oder gar verheiratet. Wir heißen einfach zufällig beide Mohr mit Nachnamen.

Das kleine Wunschfänger-Engel-Mädchen Charly saß auf seiner Wolke und ihm war langweilig. Alle Kinder, auf die es aufpassen musste, waren gerade wunschlos glücklich. Das war zwar schön für die Kinder, aber langweilig für Charly, denn sie war ja ein Wunschfänger-Engel.

Wie? Ihr wisst nicht, was ein Wunschfänger-Engel ist? Das ist ganz einfach: Jeder Mensch hat einen solchen ganz persönlichen Engel. Und jeder Engel hat einen und manchmal auch mehrere Menschen, die er betreut. Sobald jemand einen Wunsch hat, der wirklich ein echter Wunsch und ein Herzenswunsch ist, fliegt dieser Wunsch hinauf in den Himmel, wo bereits ein solches Engelchen wartet und den Wunsch einfängt.

Heute jedenfalls war es Charly langweilig. Da hörte sie plötzlich einen Klingelton an ihrer Wolke. Das war das Zeichen für herannahende Herzenswünsche. Hurra! Endlich tat sich etwas. Charly sprang auf und wedelte wild mit ihrem Wunschfang-Netz vor der Wolke herum, um den Wunsch auch ja zu erwischen.

„Wuschhhhh!“, da zischte der Wunsch heran. Mit einem wilden Sprung hechtete Charly

hinterher und stülpte ihr Netz über den Wunsch. Es war ein wirklich kraftvoller Wunsch und er zog Charly, die an ihrem Netz hing, noch ein ganzes Stück hinter sich her, bis er endlich langsamer wurde. Schließlich ließ der Schwung jedoch nach und Charly konnte mit dem eingefangenen Wunsch im Netz zurück auf ihre Wolke fliegen. Sie war schon ganz gespannt, was für ein Wunsch es wohl war. Und siehe da, wie schön: Es war ein Wunsch von Karla.

Karla hatte vor einiger Zeit mit ihrem Bruder Robert darüber nachgegrübelt, wie es sein konnte, dass einige ihrer Wünsche sich sofort erfüllten und andere gar nicht. Daraufhin war Charly eines Nachts zu Karla gekommen und hatte sie auf ihrer Wolke mit in den Himmel genommen, um ihr alles zu erklären: Ein wichtiger Punkt dabei war, dass ein Wunsch ein echter Herzenswunsch sein muss, weil er sonst keine Kraft hat. Und Karla hatte sich seitdem bei allen Wünschen und Problemen vertrauensvoll an ihren Wunschfänger-Engel gewendet (der Wunsch, ein Problem zu lösen, ist ganz klar auch ein Wunsch). Die Zusammenarbeit lief so hervorragend, dass Karla für viele Kinder in

ihrer Klasse zum Vorbild geworden war und schließlich zur Klassensprecherin gewählt wurde. Darüber hatte sie sich sehr gefreut.

Doch nun gab es ein Problem außerhalb der Schule. Es war eine neue Familie in das Nachbarhaus von Karla und Robert gezogen – mit einer Tochter in Karlas Alter. Zwar ging sie in eine andere Schule als Robert und Karla, aber natürlich hätten sich die beiden trotzdem gefreut, nachmittags noch jemanden zum Spielen in der Nachbarschaft zu haben.

Doch das war nicht ganz so einfach mit dem neuen Mädchen: Es saß oft allein im Garten und sang ganz schauerlich laut und falsch, so dass Karla sich die Ohren zuhalten musste. Karla hatte zwei- oder dreimal versucht, sich über den Gartenzaun hinweg mit ihm zu unterhalten, aber Clarissa, wie das Mädchen übrigens hieß, hatte immer nur wie eine kleine Opernsängerin singend geantwortet. Karla fand, das könne kein Mensch aushalten, und mit so jemandem wolle sie nicht spielen.

Robert war unmusikalischer. Ob ein Ton leicht danebenlag oder nicht, das hörte er nicht. Da er selbst gern sang, fand er Clarissas Gesang ganz lustig. Er erinnerte ihn an das Sams (eine Figur aus einer bekannten Kindergeschichte von Paul Maar, die gern singt und reimt). Ein paar Tage lang hatte er daher aus seinem Baumhaus immer zu Clarissa herüber gesungen und ähnlich wild gedichtet wie das Sams. Als Clarissa ihn allerdings einmal zu sich eingeladen hatte, war es aus gewesen mit der Freundschaft. Clarissa, die immer sehr schick angezogen war, hatte sich zusätzlich in eine dicke Wolke aus Parfum gehüllt. Nun fand Robert, dass man das nicht aushalten könne. Das sei ihm zu unnatürlich.

Und so spielten und redeten Karla und Robert nicht mehr mit dem Mädchen. Sie fühlten sich aber gestört von der stark duftenden und laut singenden Clarissa, und Karla hatte den Wunsch an ihren Wunschfänger-Engel Charly geschickt, dass Clarissa aufhören solle zu duften und zu singen. Als nichts passiert war, hatte sie überprüft, ob dieser Wunsch auch ein echter Herzenswunsch war. „Hhhm, na ja, nicht so richtig“, hatte sie dann befunden. Es war schließlich Clarissas Angelegenheit, ob sie sang und duftete oder nicht.

Also hatte Karla neu überlegt, was es denn wirklich war, das sie sich wünschte, und dann

hatte sie stattdessen den Wunsch nach „Frieden und Freundschaft in der Nachbarschaft“ abgeschickt. Vielleicht würde dieser Wunsch ja eher bei Charly ankommen …

Charly saß auf ihrer Wolke und fand dieses Problem sehr lustig. (Im Himmel ist übrigens ein Pro-blem immer etwas Positives. Man kann es daran erkennen, dass das Wort mit *pro* anfängt, und das heißt „für“. Ein Pro-blem ist also für uns und nicht gegen uns. Wenn es gegen uns wäre, müsste es ja Contra-blem heißen, weil *contra* „gegen“ bedeutet. Ein Pro-blem hilft uns, unsere innere Kraft zu stärken, die wir brauchen, damit unsere Wünsche für ein glückliches Leben erfüllt werden können.) Charly überlegte eine Weile, wie sie Karla helfen könnte. Schließlich hatte sie eine Idee.

Amrita und der Wünschelwald

Karla konnte an diesem Abend nicht gleich einschlafen, denn sie war sehr aufgewühlt. Sie hatte das Gefühl, dass ihr zweiter Wunsch ein echter Herzenswunsch war. Also musste doch etwas passieren. Die schlechte Stimmung zwischen ihr und der Dauersängerin Clarissa machte ihr wirklich zu schaffen. Es kam ihr so vor, als würde Clarissa nur so laut und nah am Gartenzaun singen, um sie zu ärgern. Was sollte sie mit so einem Mädchen bloß anfangen? Sie hoffte sehr, dass Charly ihr helfen konnte.

Allmählich fielen ihr aber doch die Augen zu, bis sie plötzlich ein silbrig helles Stimmchen hörte: „Karla, Karla. Wach doch auf! Ich möchte dir etwas zeigen."

Sofort war Karla wieder wach und setzte sich freudig im Bett auf. *Diese* Stimme kannte sie! Sie sah zur Zimmerdecke hoch und ... tatsächlich, dort oben saß wieder das schelmisch aussehende Engelchen auf seiner kleinen Wolke.

„Charly! Wie schön, dass du gekommen bist. Sag, was soll ich bloß mit dieser Clarissa machen? Ich wünsche mir Frieden und nette

Nachbarskinder zum Spielen und nicht so eine wie sie."

„Nur mit der Ruhe!", kicherte Charly über Karlas Ungeduld. „Es ist bereits alles in Arbeit. Komm, reich mir die Hand, ich möchte dir etwas zeigen."

Karla war völlig aus dem Häuschen vor Freude, hüpfte sofort aus dem Bett und streckte Charly ihre Hand entgegen. Entweder Charly wurde daraufhin größer oder Karla kleiner – es ging immer so schnell, dass Karla das nicht genau sagen konnte –, jedenfalls saß Karla im nächsten Moment auf der Wolke neben dem

Engelchen und die beiden schwebten in den nächtlichen Himmel hinaus.
„Diesmal fliegen wir nicht zu den anderen Wunschfänger-Engeln in den Himmel, wir besuchen den Wünschelwald“, erklärte Charly.

„Was ist denn der Wünschelwald?“, wollte Karla wissen.

„Das ist ein Wald, in dem alle Tiere sprechen können und in dem viele Naturgeister, Elfen, Kobolde und dergleichen leben. Ich bin eingeladen worden, und zwar von

Wühli, dem kleinen Maulwurf, der ein wenig träge ist;

Petzi, dem patzigen Eichhörnchen;

Hexi, der hektischen Haselmaus, und

Molli, dem Zwergkaninchen, das sich nichts zutraut.

Sie haben nämlich ein ganz ähnliches Problem wie du."

„Haben sie etwa auch eine neue Nachbarin, die so laut singt?", fragte Karla ungläubig.

„Ja, zufällig ganz genau", sagte Charly. „Die neue Nachbarin ist eine Amsel. Sie heißt Amrita und fängt schon morgens um sieben Uhr an zu singen, aber hör selbst, was die Tiere zu sagen haben. Wir sind nämlich schon da."

Die kleine Wolke näherte sich einem Wald, der von außen hübsch und friedlich und nach einer großen Artenvielfalt an Pflanzen aussah. Die Natur wirkte sehr gesund. Es gab Nadel- und Laubbäume, Birken und Mammut-

bäume, Sträucher, Blumen, Moos, Farne und alles, was es in einem Wald so geben kann.

Charly landete neben einem riesigen Mammutbaum mit einem dicken Stamm. Unter einer großen Wurzel konnte Karla eine kleine Tür erkennen. Und nun wusste sie auch, dass nicht Charly gewachsen, sondern sie geschrumpft war, denn sie war ungefähr so groß wie die kleine Haselmaus, die gerade eilig angelaufen kam.

„Gut, dass du kommst, Charly, gut, dass du kommst! Wir warten schon alle auf dich. Hast du eine Assistentin mitgebracht? Das ist gut, das wird auch nötig sein. Du lieber Himmel, wenn du wüsstest. Kommt, kommt, schnell!“

Und damit wuselte sie hektisch auf die kleine Tür zu, öffnete sie und winkte Charly und Karla, schnell hereinzukommen.

„Das war Hexi, die hektische Haselmaus“, flüsterte Charly Karla zu.

Da standen sie auch schon mitten in einer gemütlichen kleinen Höhle. Vor ihnen war ein dicker runder Holztisch, um den eine ganze Reihe von Tieren versammelt saß. Sie sahen erwartungsfroh auf, als Charly und Karla den Raum betraten.

„Hallo, liebe Freunde!“, rief Charly fröhlich. „Ich habe eine Freundin mitgebracht, sie heißt Karla. Sie hat ganz ähnliche Schwierigkeiten zu Hause wie ihr.“

Ein Eichhörnchen, das bestimmt die patzige Petzi war, und die Maus Hexi holten noch zwei Stühle für Charly und Karla, und schon saßen die beiden mit in der Runde und wurden mit leckerem Kräutertee und frischen Nüssen und Beeren bewirtet. Auf Charlys Bitte hin stellten sich alle kurz vor und beschrieben das Problem aus ihrer Sicht.

Als Erstes sprach Wühli, der Maulwurf, der ein bisschen träge war: „Ja, iiich bin Wühli.“

Er sprach sehr langsam. Er war nicht mehr der Jüngste.

„Da dachte ich doch neulich, mein Radiowecker sei kaputt. Er hat so schrill gepfiffen. Aber egal, wie fest ich mit dem Kissen draufgehauen habe, er hat einfach weitergepfiffen. Da habe ich mir dann das Kissen aufs Ohr gelegt und weitergeschlafen. Diese Amrita ist schuld, dass ich jetzt immer verschlafe."

„Wieso? Was hat sie denn damit zu tun?", Karla konnte nicht gleich folgen.

„Na, die pfeift doch so laut und falsch und das schon um sieben Uhr. Herr Wühli stellt seinen Wecker aber immer erst auf acht und jetzt verschläft er, weil er ihn unter dem Kissen nicht

mehr klingeln hört“, in Rekordzeit sprudelte Hexi, die Maus, dies heraus.

Und sie fuhr gleich fort: „Also, ich dachte ja, mich trifft gleich der Schlag. So schrill, wie die singt. Ich denke immer, es sei die Alarmsirene und ein Feuer sei ausgebrochen. Die macht mich einfach völlig fertig, diese Amrita. Keine ruhige Minute habe ich mehr, seit sie da ist. Ich trau mich gar nicht mehr einzuschlafen aus Angst vor dem schrecklichen Gesang am Morgen.“

„Pah“, ließ sich das Eichhörnchen Petzi vernehmen, und es klang tatsächlich ein wenig patzig. „Diese Amsel ist einfach eine Kunstbanausin, eine Möchtegernsängerin. Da würde ja ich besser singen, wenn ich nur wollte. Ich wünsche mir kultivierte Nachbarn und nicht so eine!“

Damit streckte Petzi vornehm die Nase in die Luft und schwieg.

Dann saß noch das kleine Zwergkaninchen Molli, das sich nichts zutraute, am Tisch. Es hatte als Einziges versucht, sich mit Amrita zu unterhalten. Leider hatte es fast nichts kapiert von dem, was die Amsel erzählte, weil sie so viele

Fremdwörter benutzt hatte. Molli war darüber sehr enttäuscht gewesen und war sich dumm vorgekommen, weil sie so wenig verstanden hatte.

„Hhhm, das hört sich wirklich nach einem schwierigen Fall an“, grübelte Charly. Klara fand das auch. Diese Amrita schien genauso schlimm zu sein wie ihre neue Nachbarin Clarissa. Nur dass sie nicht auch noch nach Parfum roch. Aber das war wohl auch nicht zu erwarten bei einem Vogel ...

„Und wie sie schon riecht, diese Amrita!“, ließ sich auf einmal das Eichhörnchen Petzi wieder vernehmen. Es war ein paar Mal an Amritas frisch gebautem Nest vorbeigesprungen. „Es ist einfach ein grässliches Parfum.“

Karla riss die Augen auf. Eine riechende Amsel? Und Charly kicherte.

„Lasst uns rausgehen“, sagte Charly. „Ich möchte mir diese Amrita mal ansehen.“

Es gab ein eifriges Stühle-Scharren und Tassen-und-Teller-beiseite-Räumen. Dann stiegen alle nacheinander aus der gemütlichen Wohnhöhle nach oben und gingen in den Wald. Nichts war zu hören außer ein paar weiter entfernten Tieren und dem Rascheln der Blätter.

„Da kommt sie!“, rief Molli, das Kaninchen, aufgeregt. „Sie ist wieder im Dorf bei den Menschen gewesen und hat dort etwas geklaut. Sie sammelt alles in ihrem Nest.“

Die Tiere schauten Amrita gebannt entgegen. Sie kam in den Wald geflogen und wagte eine Kurve über ihren Köpfen. In den Krallen hielt sie eine kleine glitzernde Kugel, die sie offenbar bei den Menschen im Dorf gefunden hatte.

„Lalalalaaaa, reiche Beute, schick und fein,
bring ich wieder heim“,

sang Amrita laut und als sei sie eine berühmte Opernsängerin. Und dabei flatterte sie wild hin und her.

„Also, die ist ja wirklich genauso blöd wie Clarissa“, fand Karla, gerade als die kleine Kugel bei den wilden Flugmanövern plötzlich Amritas Krallen entglitt. Sie fiel herab und mit einem leisen „Ping!“ zerschellte sie an der Wurzel des Mammutbaums.

Hexi, die Haselmaus, kreischte laut: „Alarm, Angriff, zu Hilfe, iiiiihhh!“

Ihre Stimme überschlug sich.

Wühli, der Maulwurf, reagierte ebenfalls panisch ... für seine Verhältnisse. Langsam wie immer sagte er: „Ja du meiiiiiine Güte, was ist daaaaaaas denn?“

Petzi, das Eichhörnchen, gab wie gewohnt von oben herab Kommentare: „Diese dämliche Amsel, die ist ja wirklich zu dumm, um auch nur bis drei zu zählen.“

Und Molli, das Kaninchen, hoppelte im Kreis um die Scherben herum; es war ebenfalls erschreckt: „Oh, wie schlimm! Bestimmt ist es etwas ganz Wertvolles und nun ist es kaputt.“

„Aaaahh, mein Schatz, meiner schöner

Schatz!“, jammerte Amrita und setzte sich weinerlich auf einen Ast über der Unfallstelle.

„O große Trauer, Schmerz und Pein!“, schmetterte sie zu allem Überfluss noch hinterdrein.

Karla hatte nur überrascht zugesehen. Die kleine Glaskugel hatte sie an etwas erinnert und plötzlich wusste sie auch woran: an die Stinkbomben, die ihr Bruder Robert manchmal im Haus versteckte, um sich einen Spaß daraus zu machen, wenn alle erschreckt vor dem Gestank flüchteten, sobald einer aus Versehen drauftrat. Wenn nämlich so eine kleine Glaskugel kaputtging, dann lief eine Flüssigkeit heraus, die an der Luft sofort verdampfte und ganz grässlich nach faulen Eiern stank. Und genauso stank es jetzt auch. Amrita hatte offenbar schon öfter Stinkbomben gestohlen, weil ihr die schimmernden Glaskügelchen so gut gefielen.

„Ihhhhh!“, brüllte in dem Moment das Eichhörnchen Petzi, zu dem der Geruch nun auch herübergeweht war. „Diese dumme Amrita, jetzt stinkt sie uns alle ein mit ihrem fürchterlichen Parfum …“

Karla musste grinsen. Das war also Amritas

angebliches Parfum. Offenbar hatte sie schon öfter solche Stinkbomben geklaut, und die eine oder andere war ihr dabei in ihrem Nest kaputtgegangen.

„Der Wald verfault!“, quiekte die Haselmaus Hexi.

„Ich riech nix“, brummte Wühli, der Maulwurf, und Molli, das Zwergkaninchen, nieste mehrmals hintereinander.

„Das ist wirklich ein schwerer Fall“, ließ sich nun auch Charly mit Grabesstimme vernehmen. Alle sahen sie überrascht an, denn dass Charly so hoffnungslos klang, war niemand von ihr gewöhnt. Indessen erschien es Karla, als hätte sie ein kaum wahrnehmbares Zucken um Charlys Mundwinkel gesehen. Aber ganz sicher war sie sich nicht.

„Da kann nur noch der große Waldschlurf helfen“, orakelte Charly düster weiter.

Der große Waldschlurf? Ja, der große Waldschlurf! Die Tiere waren begeistert. Dass sie nicht allein darauf gekommen waren. Der große Waldschlurf war der älteste und weiseste der Waldgeister und er hatte Sprechstunden, in denen man ihn um Rat fragen konnte.

Umgehend machten sich die Tiere auf den Weg und ließen Amrita allein mit ihren stinkenden Scherben.

Der große Waldschlurf war da und hatte Zeit. Er ließ jeden Bericht erstatten. Danach herrschte tiefes Schweigen; er dachte nach.

Schließlich sagte er: „Wenn ich es richtig verstanden habe, dann mag Wühli Maulwurf Amrita nicht, weil er seitdem immer zu lang schläft. Und er findet sie langweilig. Hexi Maus leidet unter Schlaflosigkeit, seit Amrita da ist, und befürchtet, dass ein Feuer ausgebrochen ist. Und für Petzi Eichhorn ist Amrita dumm und primitiv, während Molli Zwergkaninchen findet, dass Amrita zu eingebildet daherredet. Ist das richtig?“

Eifrig nickten alle Tiere. Ja, genauso war es. Und da war es wieder: das kleine Zucken um Charlys Mundwinkel. Diesmal war sich Karla sicher. Was war bloß so lustig?

Der Waldschlurf fuhr fort: „Ihr erlebt im Außen alle dasselbe: Da ist eine Amsel, die singt und stinkende Kugeln fallen lässt. Aber innerlich

erlebt jeder es total anders. Von ‚langweilig' über ‚fürchterlich aufregend' bis zu ‚dumm' und ‚angeberisch' ist alles dabei. Ich meine: Nicht das Äußere muss sich ändern, sondern ihr selbst. Nicht Amrita muss sich ändern, sondern ihr!"

Eine Weile herrschte verdutztes Schweigen.

„Das ist mein Ratschlag: Ändert euch selbst. Der Rat kostet zwanzig Nüsse und drei Hand voll Beeren."

Das waren die letzten Worte des Waldschlurfs, bevor er verschwand. Die Tiere legten die geforderte Bezahlung in eine dafür vorgesehene Schale und machten sich auf den Heimweg.

„Wir sollen uns ändern? Wie soll das bloß gehen?" Sie waren verdutzt und enttäuscht zugleich über den seltsamen Ratschlag.

Aber Karla war nun endlich klar, warum Charly immer hatte grinsen müssen. Es war ja auch wirklich zu offensichtlich – eigentlich. Amrita konnte nicht gleichzeitig dumm und angeberisch, langweilig und aufregend sein. Es musste etwas mit jedem Tier selbst zu tun haben.

Karla und Charly blieben noch zwei Tage im Wald und halfen Hexi, der Haselmaus, dabei, eine Entspannungsübung für sich zu finden, damit sie etwas weniger hektisch und aufgeregt reagierte, wenn ein unerwartetes Geräusch zu hören war. Aufmerksam sollte sie natürlich als Maus trotzdem sein, aber Hektik führte zu nichts, das sah Hexi nun ein.

Wühli, dem Maulwurf, fiel auf, dass er selbst ein wenig langweilig war, und er entschied sich, öfter mal aus seinem Loch herauszukriechen. Er unterhielt sich dann ab und zu mit Amrita. Und als diese sich einmal beschwerte, dass er so langsam spreche, antwortete er der Amsel schlau: „Wenn ich deinen Gesang aushalten kann, dann wirst du auch aushalten müssen, dass ich so langsam spreche, denn wir sind jetzt nun einmal Nachbarn."

Das sah sie denn auch prompt ein und beschwerte sich nicht mehr.

Molli, das Zwergkaninchen, überwand mit größter Kraft und mit der Hilfe von Charly und Karla seine Schüchternheit und übertriebene Ängstlichkeit und sagte Amrita, dass sie grundsätzlich gar keine Fremdwörter verstehen würde.

Es werde sich aber trotzdem gern mit Amrita unterhalten, und da Amrita ja so klug sei, könne sie alles sicherlich auch einfacher sagen, wenn sie ein bisschen überlege. Das gab Amrita huldvoll zu und ließ die Fremdwörter einfach weg.

Petzi, das Eichhörnchen, sah ein, dass die Stinkbombe ein Versehen und kein grässliches Parfum gewesen war, und gab Amrita ebenfalls eine zweite Chance.

... und wisst ihr was? Als die Tiere zum Abschied für Karla und Charly ein kleines Fest gaben, war Amrita auch dabei. Und sie klopfte mit dem Schnabel an ihr Glas, um eine kleine Rede zu halten. In aller Form bedankte sie sich dafür, dass sie in der Nachbarschaft so freundlich aufgenommen worden sei, und gab zu, dass sie nur so laut gesungen habe, weil sie gedacht habe, die anderen hätten vielleicht noch nicht bemerkt, dass sie jetzt auch hier wohne. Da habe sie einfach auf sich aufmerksam machen wollen. Sie würde zwar sehr gern singen, aber es müsse wirklich nicht morgens um sieben Uhr sein, und sie könne auch leiser singen. Ob sie denn ein kleines Abschiedslied für Karla und Charly vortragen dürfe, fragte sie zum Schluss vorsichtig.

Alle waren einverstanden. Und so sang Amrita, diesmal ganz normal und ohne Opernschnörkel:

„Lass den Griesgram griesig sein,
denn über deine Laune entscheidest du allein.

Lass die Miesmuschel miesig sein,
bleib du nur gleich ein lieber Sonnenschein.

Parumdidum, parumdidum.

Auf jeden grauen Regen
Lass die innere Sonne scheinen.
Das tröstet jedes Wesen,
denn statt Grau erscheint
ein bunter Regenbogen.

Jippijeh, jippijeh ja jeh ja jeh …“

Alle Tiere applaudierten laut. Diesmal hatte ihnen Amritas Gesang richtig gut gefallen. Beim zweiten Mal sangen alle mit, auch Charly und Karla.

Und dann machten sich Charly und Karla auf Charlys kleiner Wolke auf die Heimreise. Jetzt

erst fiel Karla auf, dass sie drei Tage lang von zu Hause fort gewesen war: Au weh, was würden ihre Eltern bloß sagen? Bestimmt hatten sie sich Sorgen gemacht.

Nicht zum ersten Mal erriet Charly Karlas Gedanken und sie sagte: „Ich hatte vergessen, dir zu sagen, dass die Zeit im Wünschelwald schneller vergeht als bei euch. Du kannst noch zwei Stunden schlafen, bevor du aufstehen musst.“

Mit einem Lied auf den Lippen wachte Karla am nächsten Morgen auf:

„Lass den Griesgram griesig sein,
denn über deine Laune entscheidest du allein …“

„Was singst du denn da?“, fragte ihr Bruder Robert, der schon aufgestanden war und sich gerade anzog.

„Ich war bei Charly und da haben die Tiere das Lied zum Abschied gesungen.“

„Tiere? Gibt es denn auch Tiere bei Charly im Himmel?“

Nun musste Karla Robert natürlich alles erzählen ... und das dauerte so lange, dass die Mutter schließlich kam und anfragte, ob die Herrschaften denn geruhten, zum Frühstück zu kommen, oder ob sie ohne Frühstück zu gehen gedachten. Nein, nein, das wollten sie natürlich nicht. Und so vertagten sie den Rest des Gesprächs auf die erste große Pause in der Schule.

„Wie genau lautete denn dein Wunsch?“, wollte Robert in der Pause als Erstes wissen.

„Ich wollte Frieden und nette Freunde in der Nachbarschaft haben“, sagte Karla eifrig.

„Hhhm“, überlegte Robert. „Vielleicht ziehen jetzt noch mehr neue Leute hierher.“

„Das glaube ich nicht ... Amrita hat ja nur so laut gesungen, um auf sich aufmerksam zu machen.“

Robert wiegte nachdenklich den Kopf: „Das könnte bei Clarissa auch so sein. Sie geht immer am Zaun lang beim Singen. Ich dachte schon, sie will uns damit ärgern. Aber warum stinkt sie so penetrant, die alte Amsel?“

Karla kicherte. „Ich habe eine Idee, warum sie das macht: Du bist doch ein Junge ... und vielleicht will sie bei dir Eindruck schinden.“

„Meinst du wirklich? Was machen wir denn bloß dagegen?“

Ja, was nur? Im Wünschelwald hatten die Tiere ihre Einstellung Amrita gegenüber geändert und ihr eine zweite Chance gegeben.

Robert hatte eine Idee. Breit grinsend schlug er vor: „Ich hab's. Wir gehen doch nächsten Sonntag mit Mama und Papa zum Schwimmen an den See. Da könnten wir sie einladen mitzugehen. Sie ist schließlich neu hier. Und sobald sie im Wasser ist, wäscht sich der Gestank ab.“

„Tolle Idee!“, Karla war beeindruckt.

„Aber was machen wir mit dem Gesinge?“

„Ich glaube nicht, dass Papa lange zuhören würde, wenn sie im Auto so laut singen würde ...“

Sie lachten ausgelassen bei der Vorstellung.

Und so luden sie die überraschte Clarissa ein, mit ihnen an den See zu fahren. Sie sagte sofort zu. Clarissa konnte gut schwimmen und das Parfum war schnell abgewaschen.

Danach unterhielten sie sich und spielten Ball. Die Eltern von Karla und Robert fanden im

Gespräch heraus, dass Clarissa gern Flöte und Klavier spielte. Robert und Karla sahen sich bedeutungsvoll an.

Als Clarissa das nächste Mal anfing, laut am Gartenzaun zu singen, bat Karla sie scheinheilig, ob sie eine Melodie, nämlich die aus dem Wünschelwald (aber das verriet sie natürlich nicht!), für sie auf der Flöte spielen würde. Wer flötet, der kann nicht gleichzeitig singen. Robert lobte Clarissa über alle Maßen, so dass sie immer weiterspielte und schließlich für den Rest des Tages keine Puste mehr zum Singen hatte.

Ja, und außerdem sang Clarissa seltener laut am Gartenzaun, seit Karla und Robert öfter mit ihr spielten. Genau wie Amrita, die Amsel, wurde sie immer umgänglicher.

Und als Robert bei passender Gelegenheit die Bemerkung fallen ließ, dass er ein Mädchen, das nicht nach so einem künstlichen Parfum riecht, sowieso viel netter finde, da war die Parfumwolke auf einmal nur noch halb so groß und manchmal sogar ganz verschwunden. Und das auch ohne Wasser.

Karla war sehr glücklich: Sie hatte tatsächlich Frieden und eine neue Freundin in der Nachbarschaft gefunden. Wer hätte je gedacht, dass das mit der seltsamen Clarissa noch klappen könnte.

Das neue Schuljahr war mittlerweile schon einige Wochen vorangeschritten und die meisten Schüler hatten sich wieder damit abgefunden, dass die großen Ferien vorbei waren. Clarissa hatte sich in ihre neue Schule und in die Nachbarschaft eingewöhnt und auch bei Karla und Robert hätte alles wie gewohnt laufen können.

Aber irgendetwas war seltsam dieses Schuljahr. Es gab viele Schwierigkeiten in Karlas Klasse. Da war zum Beispiel die kleine Magdalena, die immer so traurig und geistesabwesend aussah. Sie sprach fast nie mit anderen. Oder Heiko, den konnte wirklich niemand leiden, und dann war da noch Lisa, die vom Pech verfolgt zu sein schien.

„So langsam werden wir ein richtig trübsinniger Haufen“, grübelte Karla eines Tages auf dem Nachhauseweg. „Bestimmt hat jedes Kind ein Problem und dahinter verborgen liegt ein unerfüllter Wunsch“, dachte sie weiter. „Und es weiß nur nicht, wie es damit umgehen soll. Das wären doch alles Fälle für Charly. Vielleicht probiere ich es einfach und erzähle mal einem Kind von den Wunschfänger-Engeln.“

Sie traute sich aber noch einige Tage lang nicht, weil sie Angst hatte, von den anderen verspottet zu werden.

Magdalena ist immer traurig

Unterdessen saß Magdalena wie so oft allein in ihrer kleinen Wohnung mitten in der Stadt. Sie hatte keine Geschwister und ihre Eltern gingen beide arbeiten. Magdalena hatte eine Schildkröte, die hieß Felix und war ihr einziger Spielkamerad.

„Ach Felix", seufzte Magdalena oft, während sie den holprigen Panzer der Schildkröte streichelte, „ich bin immer so allein. Dabei hätte ich doch so gern auch jemanden zum Spielen. Einen anderen Menschen meine ich", beeilte sie sich hinzuzufügen, um Felix nicht zu beleidigen.

Schließlich spielte er ja mit ihr. Aber ein anderes Kind zum Spielen und Reden, das wäre schon schön.

Magdalena sprach in der Schule nicht viel mit den anderen Kindern. Sie war eben traurig und das ließ sie jeden sehen. Nach der letzten Schulstunde ging sie immer gleich nach Hause, wo nur ihre Schildkröte Felix auf sie wartete. Und auch heute Nachmittag teilte sie wieder all ihre Sorgen und Freuden mit niemand anderem als mit Felix. Wobei ... allzu viel gab es da nicht zu erzählen. Wie sollte es auch, wenn sie immer nur allein zu Hause saß.

Magdalena bedauerte sich selbst sehr und wischte sich gerade eine Träne von der Wange, als es plötzlich an der Tür klingelte. Sie bekam ein wenig Angst, denn ihre Eltern hatten ihr eingeschärft, keine Fremden in die Wohnung zu lassen. Auf Zehenspitzen schlich sie zur Haustür und schaute durchs Guckloch. Und wen sah sie da zu ihrer Überraschung? Ihre Klassenkameradin Karla.

Sie überlegte kurz: Karla war nicht fremd und gefährlich sicher auch nicht. Aber verboten ist verboten. So ließ sie die Sicherheitskette dran und öffnete die Tür einen Spaltbreit, denn sie war sehr neugierig, was Karla wohl wollte.

„Hallo", sagte sie. Mehr fiel ihr nicht ein.

„Darf ich reinkommen?", fragte Karla, die offenbar ein wenig verlegen und auch verdutzt über diese Sicherheitsmaßnahme war.

„Da muss ich erst meine Mama anrufen und fragen. Sie hat mir verboten, jemanden reinzulassen. Aber ich würde dir sehr gern aufmachen. Wartest du kurz?"

Karla atmete erleichtert auf. Ach so war das. Na klar, sie würde warten. Kein Problem. Zwei Minuten später war Magdalena wieder zurück und öffnete die Tür. Kaum war Karla in der Wohnung, sprudelte es gleich aus ihr heraus: „Hallo Magdalena, ich habe mir überlegt, dass du vielleicht deinen Wunschfänger-Engel noch nicht kennst, und weil du immer so traurig bist, dachte ich, du solltest vielleicht mal mit ihm reden ..."

Magdalena sperrte den Mund auf vor Überraschung. Bisher hatte sie Karla für ein sehr vernünftiges Mädchen gehalten. Sie war schließlich sogar Klassensprecherin. Karla schien ihre Gedanken zu erraten, denn sie fügte an: „Ich

weiß, dass es sich vielleicht seltsam anhört, wenn eine Klassensprecherin über Wunschfänger-Engel redet, aber ich wäre ohne mein Engelchen auch nie Klassensprecherin geworden."

„Ich verstehe, ehrlich gesagt, kein Wort von dem, was du da sagst", antwortete Magdalena verlegen. Und da Karla ihre erste Besucherin war, fügte sie schnell noch an: „Willst du Felix kennen lernen? Das ist meine Schildkröte."

Das wollte Karla natürlich sehr gern. Und nachdem sie Felix gebührend bewundert hatte, holte sie tief Luft und fragte Magdalena, ob sie ihr von ihrem Wunschfänger-Engel erzählen dürfe. Und sie berichtete nun von ihrem Erlebnis mit Clarissa und Charly und mit Amrita und den anderen Tieren und wie sie und ihr Bruder Freundschaft mit Clarissa geschlossen hatten.

Magdalena hörte die ganze Zeit still zu. Das klang ja aufregend. Wenn tatsächlich jeder so ein Engelchen hätte und es einfach um Hilfe bitten könnte, das wäre natürlich schon eine tolle Sache.

„Wie macht man das denn, mit dem Wunschfänger-Engel sprechen?", fragte sie schließlich schüchtern.

„Zuerst musst du einen echten Herzenswunsch haben. Hast du einen?“

„Ja, schon. Ich möchte nicht immer so allein sein.“

„Das kann ich verstehen. Kannst du den Wunsch auch positiv ausdrücken? Etwas, das du nicht möchtest, ist ja kein Wunsch, sondern eher ein Nicht-Wunsch. Du musst dir etwas wünschen, das du haben möchtest.“

„Freunde möchte ich gern haben“, sagte Magdalena nun verlegen.

„Das hört sich nach einem guten Wunsch an“, nickte Karla. „Den würde ich abschicken.“

„Und dann?“, fragte Magdalena verwundert.

„Dann musst du auf dein Herz hören. Es wird dir schon sagen, was du tun musst. Mein Wunschfänger-Engel hat mir mal gesagt, dass er eigentlich in mir drin sitzt. Aber wenn ich ihn rufe, dann scheint es so, als würde er irgendwo im Außen auftauchen.“

Das klang seltsam für Magdalena: „Aber er kann doch nicht gleichzeitig in mir drin und irgendwo draußen sein?“

„Doch“, Karla war sich sicher, „Engel können das, weil sie nämlich eigentlich in allem drin sind, und zwar überall gleichzeitig. Das hat Charly gesagt."

„Also gut, dann werde ich es ausprobieren."

Magdalena war nun sehr neugierig geworden und bat Karla: „Bist du mir böse, wenn ich dich bitte, wieder zu gehen? Ich finde es sehr nett, dass du gekommen bist, um mir das zu erzählen, aber ich möchte es am liebsten gleich selbst ausprobieren."

„Das verstehe ich gut", Karla sprang sofort auf. „Sag mir Bescheid, ob es geklappt hat."

Kaum war Karla gegangen, wandte sich Magdalena an ihre Schildkröte Felix und sagte: „Kannst du das glauben, was Karla erzählt hat? Ob mir ein Wunschfänger-Engel helfen kann? Und dann soll er auch noch in mir drin sitzen?"

Rat suchend sah sie Felix an. Und auf einmal schien es ihr, als versuche Felix ihr zu sagen, sie solle die Augen schließen. Er kniff seine Augen zu, machte sie wieder auf und sah dann erwartungsvoll zu Magdalena hin.

„Du meinst, ich soll die Augen zumachen?", fragte Magdalena.

Jetzt schien es ihr, als würde Felix zustimmend lächeln.

„Na gut, ich probiere es“, dachte sie sich.

Sie lehnte sich in einem Sessel bequem zurück und schloss die Augen. Ja tatsächlich: Kaum hatte sie die Augen geschlossen, sah sie einen kleinen Engel, genauso frech, wie Karla ihn beschrieben hatte, und der winkte ihr zu. Verblüfft öffnete sie die Augen. Ihr erster Blick fiel auf Felix, der seine Augen wieder fest zukniff und dabei mit dem Kopf nickte.

„Ja, ja, schon gut“, sagte Magdalena und hielt diesmal ihre Augen geschlossen.

„Hallo!“, sagte sie, als sie den kleinen Engel wieder sah. Er hatte rote Haare und eine dicke Schleife im Haar.

„Hallo, ich bin Antonia, dein Wunschfänger-Engel“, stellte sich das kleine Wesen vor.

„Dich gibt es ja wirklich!“, staunte Magdalena.

Antonia kicherte und schwenkte dabei lustig etwas, das wie ein Schmetterlingsnetz aussah und in dem eine kleine Lichtkugel hing.

„Das ist dein Wunsch, den ich eben gefangen habe“, erklärte Antonia.

Magdalena jammerte: „Ich bin den ganzen Tag so allein, meine Eltern arbeiten beide und ich habe niemanden, mit dem ich reden oder

spielen kann. Ich wünsche mir so sehr, Freunde zu haben."

„Ja, weißt du, Magdalena", sagte Antonia mit etwas gedehnter Stimme, „ich habe das schon länger beobachtet, aber mir ist etwas ganz Wichtiges aufgefallen."

Magdalena lauschte gespannt, was der kleine Engel zu sagen hatte.

„Freunde findet man nur, wenn man selbst *freund*lich ist", fuhr Antonia fort. „Du bist immer so traurig, du lachst niemals und sprichst mit keinem, wenn er dich nicht anspricht."

Magdalena wurde nachdenklich, doch plötzlich fiel ihr ein: „Doch, mit Felix, meiner Schildkröte, spreche ich viel."

„Na prima", freute sich Antonia, „dann weißt

du ja schon, wie es geht. Unterhalte dich doch einfach mal mit anderen Kindern. Am besten lächelst du sie erst mal freundlich an."

„Ja, aber worüber soll ich denn mit ihnen reden?", fragte Magdalena und schaute ängstlich drein. Es schien ihr schwierig, auf andere zuzugehen. Wo sie doch immer gehofft hatte, die anderen würden auf *sie* zukommen.

„Über das Gleiche wie mit deiner Schildkröte", meinte Antonia. „Über das Wetter, über die Schule, über die Hausaufgaben, über deine Wünsche und Träume ... über das, was dir Spaß macht."

Antonia sah Magdalenas ängstliches Gesicht und fügte an: „Alle Menschen wollen Freunde haben. Nur viele trauen sich einfach nicht, andere anzusprechen. Es gibt an deiner Schule viele Kinder, die genauso allein sind wie du und immer darauf warten, dass sie jemand fragt, ob sie mitspielen wollen. Überrasch sie doch mal damit, dass du freundlich lächelnd auf sie zugehst und ihnen von deiner Schildkröte erzählst oder sie einlädst, mit dir zu spielen. Was meinst du, wie froh und erleichtert sie sind, wenn endlich jemand auf sie zukommt. Jede

Wette, dass vielleicht nicht alle, aber bestimmt ganz viele Kinder sich freuen, wenn du sie ansprichst."

Magdalena war ganz verdutzt über das, was die kleine Antonia ihr sagte. Vielleicht hatte sie ja wirklich Recht damit. Magdalena fielen spontan mindestens drei Kinder ein, die sehr oft allein auf dem Schulhof herumstanden. Die anzusprechen würde für den Anfang wirklich nicht so schwer sein. Und danach könnte sie sich ja auch an andere Kinder herantrauen.

Und je länger Magdalena nachdachte, desto mehr hatte sie das sichere Gefühl, dass dies wirklich der einzige Weg war, wenn sie Freunde gewinnen wollte.

„Ich gehe jetzt", sagte Antonia, „aber wenn du wieder einmal ein Problem hast, ruf mich einfach. Du weißt jetzt, dass ich immer da bin, wenn du mich rufst."

Mit diesen Worten verschwand das Wunschfänger-Engelchen.

Magdalena war auf einmal wie ausgewechselt. Sie wusste nun, dass es jemanden gab, der ihr wirklich helfen konnte, und das sogar rund um die Uhr. Wow, wenn das keine tolle Nachricht war! Und ihr war auch klar, dass der Rat des Wunschfänger-Engels genau der richtige war.

Am nächsten Morgen verließ Magdalena das Haus und nahm sich vor, jeden Menschen, der ihr heute begegnete, zuerst einmal freundlich anzulächeln. Sie war so in ihre Gedanken vertieft, dass sie die beiden älteren Damen übersah, die ihr auf dem Schulweg entgegenkamen und sie plötzlich ansprachen: „Entschuldige, mein Kind, kannst du uns vielleicht sagen, wie spät es ist?"

Verdattert sah Magdalena sie an, aber dann fiel es ihr wieder ein, was sie sich vorgenommen hatte: freundlich lächeln! Strahlend lächelte sie die beiden an, sagte ihnen die Uhrzeit und wünschte ihnen noch einen schönen Tag.

„Das war mal ein nettes Kind. Es gibt doch noch gut erzogene, freundliche Kinder", hörte sie die eine Dame im Weggehen zur anderen sagen.

Magdalena musste schmunzeln. Es schien ja wirklich leichter zu gehen, als sie gedacht hatte. Und nach diesem positiven Erlebnis nahm sie sich gleich in der ersten Pause die drei schüchternen Kinder vor, die auf dem Schulhof immer allein herumstanden. Nur eins davon ging in ihre

Klasse, aber die ersten Fragen waren trotzdem einfach. Freundlich lächeln und los geht's: „Hallo, in welcher Klasse bist du denn? Wer ist denn eure Klassenlehrerin? Erzähl doch mal, wie die so ist. Ich habe gehört, wir bekommen sie vielleicht nächstes Jahr ..." und so weiter und so fort.

Obwohl nicht jedes Kind sofort freundlich reagierte, hatte Magdalena sehr bald eine Menge Freunde gewonnen und war nicht mehr allein. Manche Kinder waren offenbar so verdutzt darüber, dass sie endlich jemand ansprach, dass sie nicht gleich reagieren konnten. Hinterher tat es ihnen leid, dass sie vor lauter Schreck zuerst einmal abweisend gewesen waren. Aber weil Magdalena unbekümmert weiterlächelte, wenn sie sie trafen, überwanden sie irgendwann ihre Schüchternheit und gingen von selbst wieder auf Magdalena zu.

Und Magdalena kam das alles wie ein kleines Wunder vor. Aber wie ein Wunder, das sie sehr glücklich machte. Dass jetzt auch Felix, ihre Schildkröte, mehr Freunde hatte, machte sie ebenfalls sehr glücklich.

Am allerglücklichsten war sie aber über ihre

neue Freundin Karla. Die hatte sie nämlich zum Spielen zu sich nach Hause eingeladen. Karlas Bruder war ebenfalls da gewesen. Robert sprach auch regelmäßig mit seinem Wunschfänger-Engel. Der sei sein bester Fußball-Trainer, hatte Robert angegeben.

Karla und Robert hatten Magdalena erklärt, dass Leute, die viel meckerten oder schlecht über andere redeten, wenig innere Kraft oder Energie hätten. Das habe Charly ihnen bei ihrem ersten Besuch erklärt. Und dass solche Menschen auf Dauer nur jemand aushalte, der selbst wenig innere Kraft habe. Wenn man dagegen nette und fröhliche Freunde haben wolle, dann müsse man selbst nett und fröhlich sein. Und da das nicht immer so einfach sei, gebe es ganz viel Kraft und Energie, wenn man es schaffe.

Karla und Robert müssten schon ziemlich viel Kraft und Energie gesammelt haben, fand Magdalena. Und sie war sehr stolz und glücklich, dass die beiden mit ihr befreundet sein wollten und sie nun öfter einluden.

Bei einem dieser Treffen sprachen sie über Heiko, der auch in die Klasse von Magdalena und Karla ging. Er war wohl jemand, der wenig innere Kraft hatte, weil er nie nett und fröhlich war. Im Gegenteil, er ärgerte Karla und Magdalena besonders gern und rief ihnen nach: „Da sind ja die Mädels vom Schleimerklub!“

Er hatte mitbekommen, dass die beiden nett zu allen Kindern waren, und das schien ihn zu stören. Aber auch bei den anderen Schülern und den Lehrern war Heiko keinesfalls beliebt.

Niemand mag Heiko

„Ich würde dir am liebsten eine Ohrfeige geben!“, brüllte der Lehrer quer durchs Klassenzimmer.

Heiko, der Anlass für diesen Wutausbruch war, wurde immer kleiner hinter seiner Schulbank. Es war nicht das erste Mal, dass er mit seinem Lehrer Ärger hatte. Aber auch seine Mitschüler waren nicht gut auf ihn zu sprechen. Heiko hatte ein ausgesprochenes Talent dafür, es sich mit allen gründlich zu verderben. Keiner mochte ihn wirklich, und so wurde er gemieden und war oft allein. Zu Hause zankte er häufig mit seinen Geschwistern und auch seine Eltern kamen nicht gut mit ihm zurecht.

„Ihr seid ja alle blöd!“, war sein Lieblingssatz, den er häufig gebrauchte. Wenn er jedoch allein war, sagte er oft zu sich: „Mich mag ja niemand!“

Darüber war er natürlich sehr traurig, denn insgeheim wünschte er sich nichts mehr, als Freunde zu haben.

Und da war auch schon Hilfe im Anmarsch. Denn Heiko war eines der Kinder, die immer allein auf dem Schulhof herumstanden und denen Magdalena eigentlich gern helfen wollte. Nur dass sie sich an Heiko bisher nicht herangetraut hatte, weil er ein solcher Miesepeter und so unfreundlich war. Heiko anzulächeln war von einer Anfängerin im Kontakte-Knüpfen zu viel verlangt, hatte sie gefunden und ihn sich für später aufgehoben.

Mit der Zeit aber war Magdalena erstens glücklicher und damit wie von allein auch viel mutiger geworden. Wenn sie jetzt in der Pause zu Heiko herüberschielte, tat er ihr immer öfter Leid und sie fragte sich, was wohl dahinter stecken mochte, dass er sich so oft aufführte, als wolle er unbedingt alle vergraulen. Dann dachte sie daran, wie Karla allen Mut zusammengenommen und bei ihr geklingelt hatte, um vom Wunschfänger-Engelchen zu erzählen.

„Das kann ich auch“, fand Magdalena eines Tages und sprach Heiko in der Pause mutig an.

Ihn zu fragen, warum er immer so miesepetrig sei, hielt sie für keine gute Idee. Es erschien ihr geschickter zu fragen, warum er immer so traurig aussehe, denn fröhlich sah er wahrhaftig nicht aus. Und weißt du was? Heiko sprudelte sofort los und erzählte ihr, dass niemand ihn mögen würde und dass überhaupt alle blöd seien. „Außer dir, Magdalena“, fügte er schnell hinzu, denn er wollte ja den einzigen Menschen, der auf ihn zugekommen war, nicht gleich wieder vertreiben.

Magdalena lachte erleichtert auf. Na also, das Eis war gebrochen. Trotzdem druckste sie noch ein wenig herum, bis sie schließlich mit ihrer Botschaft rausrückte: „Weißt du, wenn ich ein Problem habe, dann frage ich meinen Wunschfänger-Engel um Rat. Der hat immer die allerbesten Einfälle!“

„Deinen Wunschfänger-Engel?“, fragte Heiko ungläubig.

„Ja“, sagte Magdalena und war ein wenig verlegen, „so was hat jeder Mensch, die meisten wissen es nur nicht. Und man kann ihn alles fragen, den Wunschfänger-Engel. Weil er in uns drin wohnt und alles über uns weiß!“

„Du meinst, ich habe auch einen solchen Wunschfänger-Engel“, fragte Heiko verdutzt, „das hört sich ja an wie ein Märchen.“

„Probier es doch einfach aus“, sagte Magdalena, „mir hat mein Wunschfänger-Engel schon oft geholfen.“

Heiko war etwas verwundert über die seltsame Geschichte. Da kam mal ein Kind zu ihm, das nicht so blöd war wie die anderen, und dann erzählte es ihm so etwas. Aber was hatte er zu verlieren? Also setzte er sich am Abend, als er allein in seinem Zimmer war, hin und sagte ganz leise: „Hallo, Wunschfänger-Engel!“

Nichts geschah.

„Hallo, Wunschfänger-Engel, hörst du mich? Ich würde gern mit dir reden!“

Und plötzlich erschien tatsächlich ein Engelchen. Heiko sah es geradewegs aus seinem Körper herausschweben.

„Hallo Heiko, was kann ich für dich tun?“,

fragte es. Und es sah genauso aus, wie Heiko es sich vorgestellt hatte: ein frecher Junge mit kurzen abstehenden Haaren, aber mit Flügeln und einem ganz herzigen Gesichtsausdruck.

Heiko erschrak sehr, denn er hatte doch daran gezweifelt, dass die Geschichte wahr sei. Aber tatsächlich: Vor ihm stand ein vergnügt grinsender Engel und er leuchtete hell.

„Hallo“, stotterte Heiko verlegen, „bist du denn wirklich ein Wunschfänger-Engel?“

„Ja, natürlich“, sagte Hugo, so hieß der kleine Engel, „und ich wohne in dir. Ich bin immer bei dir und ich kann dir helfen, wann immer du es willst. Ruf mich einfach!“

Heiko war noch ganz benommen. Dann aber begann er zu erzählen: „Niemand mag mich“,

sagte er, „keiner will mit mir spielen. Aber ich kann die anderen auch nicht leiden. Die sind nämlich alle blöd."

Hugo lächelte und fragte: „Heiko, magst du dich eigentlich selbst?"

Heiko stutzte.

„Was hat das denn damit zu tun?", fragte er missmutig.

„Sehr viel", sagte Hugo. „Siehst du, wenn du jemandem ein Glas Saft geben willst, dann kannst du das nur, wenn du selbst Saft hast. Und genauso kannst du anderen nur dann Freundschaft entgegenbringen, wenn du dich selbst magst. Und wenn du keine Freundschaft geben kannst, dann kann dich auch keiner mögen. Verstehst du das?"

Heiko war verwirrt.

„Heißt das", fragte er, „dass mich die anderen automatisch mögen und ich sie ebenfalls, wenn ich mich mag?"

„Genauso ist es", sagte Hugo, „beginne bei dir selbst. Und wenn du dich magst, kommt alles andere von ganz allein."

Heiko schluckte. So hatte er das noch nie gesehen: Stimmt, eigentlich mochte er sich selbst nicht besonders. Aber das wollte er jetzt ändern. Ab sofort wollte er sich selbst wichtig nehmen, er wollte selbst sein bester Freund sein. Im Grunde war er doch ein prima Kerl, fand er.

Und nach und nach hatte er nicht nur Magdalena zur Freundin, er fand viele Kameraden. Und er landete auch ruckizucki in der Clique mit Karla und Robert und war erstaunt, wie toll man mit ihnen spielen und wie offen er mit ihnen über alles reden konnte. Sie schienen das ganz normal zu finden. Auch in der Schule und zu Hause vertrug er sich besser mit allen und hatte weniger Streit als vorher. Wie gut, dass er auf den Rat seines Wunschfänger-Engels Hugo gehört hatte.

Ein Wunschfänger-Engel für Clarissa

Irgendwann fiel Clarissa auf, dass im Garten von Karla und Robert mehr und mehr Kinder spielten. Erst war Magdalena immer öfter gekommen und nun auch noch Heiko. Und immer schienen sie ganz geheime Gespräche zu führen.

Und weil Clarissa inzwischen auch eine wirklich gute Freundin geworden war, wollten Karla und Robert ihr nun ebenfalls das Geheimnis vom Wunschfänger-Engelchen erzählen, auch wenn Clarissa gerade wirklich keine Schwierigkeiten zu haben schien. Die beiden wollten einfach nur mit ihr darüber sprechen können. Erst konnte Clarissa kein Wort glauben, aber da auch Magdalena und Heiko geradezu unglaubliche Geschichten erzählten, wollte sie es einfach mal ausprobieren. Sie hatte zwar, wie gesagt, kein richtiges Problem, für das sie eine Lösung suchte, aber schaden konnte es ja nicht. Und sie wollte auf jeden Fall schon einmal üben, für den Fall, dass sie irgendwann Hilfe nötig hätte.

Aber Clarissa mochte es nicht so recht gelingen, Kontakt mit ihrem Wunschfänger-Engel zu bekommen. Sie probierte es zigmal am Tag –

morgens, mittags, abends, ja sogar in der Schule versuchte sie es –, aber vergebens. Für Clarissa war klar: Sie hatte *keinen* Wunschfänger-Engel.

„Du, Clarissa", sagte Karla schließlich, „ich werde einmal mit meinem Wunschfänger-Engel reden. Der weiß bestimmt Rat."

Und so zog sich Karla in ihr Zimmer zurück, setzte sich ganz ruhig in ihren Lieblingssessel und rief nach Charly.

„Hallo, Charly", rief sie. „Ich möchte mit dir reden. Hast du etwas Zeit für mich?"

„Aber natürlich habe ich Zeit für dich", sagte Charly, noch bevor sie ganz sichtbar geworden war. Sie saß wie immer auf ihrer kleinen Wolke. „Es ist meine Hauptaufgabe, für dich Zeit zu haben und dir immer und überall zu helfen!"

„Weißt du", sagte Karla nun eifrig, „meine Freundin Clarissa versucht mit ihrem Wunschfänger-Engel zu reden. Aber es funktioniert nicht. Und jetzt glaubt sie schon, sie hätte keinen Wunschfänger-Engel."

„Ja, ich weiß", sagte Charly, denn wie immer wusste sie über alles Bescheid, was in Karlas Umfeld passierte.

„Clarissa macht einen großen Fehler", sagte

Charly. „Sie versucht mit aller Gewalt und in ganz ungünstigen Situationen, nämlich wenn viele Menschen und viel Lärm um sie herum sind, mit ihrem Engel zu sprechen."

„Ja, aber was soll sie denn tun?", fragte Karla.

„Sag ihr, sie soll sich an einen ruhigen Platz zurückziehen, genau wie du das immer tust. Sie sollte ganz allein sein und möglichst wenig Ablenkung, also auch keinen Fernseher und kein Radio laufen haben."

„Stimmt", dachte Karla, „ich sitze immer ganz ruhig in meinem Zimmer oder liege sogar schon im Bett, kurz vor dem Einschlafen."

„Sie soll es sich bequem machen", fuhr Charly fort, „damit sie sich gut entspannen kann. Es

hilft auch, wenn sie ein paar Mal tief ein- und ausatmet."

Das mit dem Atmen hatte Karla selbst noch nicht ausprobiert, aber bei ihr funktionierte es ja auch so.

„Weißt du", fügte Charly noch an, „wir Wunschfänger-Engel wollen die ungeteilte Aufmerksamkeit. Wenn es Lärm oder Ablenkungen gibt, kann man sich nicht richtig unterhalten."

„Das verstehe ich gut", sagte Karla, „zumal es ja auch immer um ganz wichtige Dinge geht, wenn man mit euch redet."

„Genau", Charly nickte und dampfte schon wieder winkend ab auf ihrer kleinen Wolke.

Am nächsten Tag erzählte Karla Clarissa ganz genau, was Charly ihr erzählt hatte.

„Stimmt", sagte Clarissa. „Ruhe hatte ich nie, wenn ich meinen Engel gerufen habe."

Und sie probierte es genauso aus, wie Karla es ihr erklärt hatte. Es funktionierte zwar nicht auf Anhieb, aber Clarissa versuchte es immer wieder. Und sie war sich jetzt ganz sicher, dass auch sie einen Wunschfänger-Engel hatte und dass dies der richtige Weg war, um mit ihm zu sprechen.

Eines Tages war es dann so weit ... Zunächst

war es nur ein Gefühl, dann ein Bild, das in ihrer Phantasie auftauchte. Clarissas Wunschfänger-Engel erschien ihr, als sie die Augen geschlossen hatte. Er stand vor ihr und guckte genauso schelmisch drein, wie die anderen ihre Engel beschrieben hatten. Und Clarissas Engel war außerdem wunderschön: Er hatte langes goldenes Haar und leuchtete ganz hell. Außerdem hatte er ein schickes Engelsgewand an und besonders schöne Flügel. Fast schien es Clarissa, als könne sie einen feinen blumigen Duft wahrnehmen. Aber das wird sicherlich niemanden verwundern ... es war ja Clarissas Engel.

Von nun an sprach Clarissa öfter mit ihrem Wunschfänger-Engel, um sich Rat zu holen oder wenn sie einen Herzenswunsch hatte. Aber

immer nur dann, wenn sie ganz allein war, wenn sie viel Ruhe hatte und sich ganz gemütlich irgendwohin setzen konnte. So, wie es Charly, Karlas Wunschfänger-Engel, beschrieben hatte.

Lisa war das dritte Kind in Karlas Klasse, das es sehr schwer hatte. Es war, als ob sie vom Pech verfolgt sei. Alles, was sie sich vornahm, klappte aus irgendwelchen Gründen nicht: Sie schrieb schlechte Noten in der Schule, verlor dauernd irgendetwas oder vergaß wichtige Dinge. (Neulich hat sie sogar ihren eigenen Geburtstag vergessen.) Und jedes Mal, wenn ihr wieder etwas Blödes passiert war, sagte sie: „Das habe ich doch gewusst!“

Und wirklich, als ob sie in die Zukunft sehen könnte ... sah sie ihren Fehlschlag genau voraus.

Als Magdalena einmal mit Karla darüber sprach und die beiden sich wunderten, warum das Pech so an Lisa klebte, entschieden sie, dass Lisa auch eine Kandidatin für den Wunschfänger-Engel sei. Aber wer sollte es ihr sagen? Es war immer eine Überwindung, jemandem davon zu erzählen, und manche Kinder wollten auch nichts über ihren Wunschfänger-Engel erfahren: „So ein Quatsch!“, sagten sie nur.

„Man kann niemanden zu seinem Glück zwingen“, sagte Robert in einem solchen Fall weise. „Du kannst davon erzählen, aber die anderen müssen dann schon selbst sagen, wenn sie mehr wissen wollen. Sonst hilft es sowieso nichts.“

Das Pech klebt an Lisa

Nach reiflichem Überlegen fanden die beiden Mädchen, dass Heiko an der Reihe wäre, mit Lisa über die Engel zu sprechen. Schließlich hatte es ihm geholfen und nun sollte er sich einmal für ein anderes Kind einsetzen. Heiko wollte zunächst nichts davon wissen. Aber nachdem er auf dem Pausenhof mit Robert darüber gesprochen hatte, entschied er, Lisa eine Chance zu geben, indem er ihr ein lockeres Angebot machte ... und mehr nicht! Insgeheim hoffte er, dass sie nicht weiter nachfragen würde. Und so ging er am nächsten Tag zu Lisa und sagte: „Du,

Lisa, wenn ich ein Problem habe, dann frage ich immer meinen Wunschfänger-Engel um Rat."

„Deinen Wunschfänger-Engel?", fragte Lisa erstaunt. „Wer soll das denn sein?"

„Ach ja, zu schade, nun hat sie doch nachgefragt", seufzte Heiko leise und fuhr laut fort: „Mein Wunschfänger-Engel wohnt in mir und er weiß alles über mich und darüber, wie es mir geht. Und er hilft mir immer, wenn ich ihn darum bitte."

Zuerst dachte Lisa, dass Heiko sie auf den Arm nehmen wollte. Doch als er ihr mehr davon erzählte und als Karla und Magdalena dazukamen und alles bestätigten, glaubte sie ihm doch.

„Und wie kann ich dann mit meinem Wunschfänger-Engel sprechen?", fragte sie, neugierig geworden.

„Setz dich ganz still in dein Zimmer", erklärte Heiko, der ja inzwischen einige Erfahrungen hatte, „und rufe ihn einfach. Dann wird er sich schon melden!"

Lisa probierte es noch am selben Abend aus. Und wirklich: Nachdem sie ihn nur ein paar Mal mit geschlossenen Augen gerufen hatte – und sie hatte ganz leise gerufen, damit niemand sonst im

Haus etwas hörte –, kam ihr Wunschfänger-Engel auf einer kleinen Wolke angeschwebt. Sie konnte ihn nur sehen, solange sie die Augen geschlossen hatte, genau wie Clarissa.

Etwas erschrocken, weil er so plötzlich aufgetaucht war, stotterte Lisa: „Hallo, Wunschfänger-Engel, das ging aber schnell!“

„Ja, natürlich“, sagte das Engelchen, „du hast ja auch ein dringendes Problem, das wir sehr schnell lösen wollen. Ich warte schon so lange, dass du mich endlich rufst. Ich heiße übrigens Florinda.“

Lisa war erstaunt, dass der Wunschfänger-Engel von ihren Schwierigkeiten wusste. „Hallo Florinda! Woher weißt du denn das alles?“

„Das ist eben so. Schutzengel, Wunschfänger-Engel und überhaupt alle Engel wissen immer alles. Wir sind quasi wie ein Teil von euch ... aber ein Teil, der auch über all das Bescheid weiß, was ihr selbst nicht so richtig oder nur halb mitbekommt."

„Ach so", sagte Lisa verdattert. Sie hatte, ehrlich gesagt, nur die Hälfte verstanden. Und so wartete sie einfach ab, ob Florinda ihr noch mehr erzählen würde.

„Lass uns anfangen!" Das Engelchen rieb sich geschäftig und offenbar äußerst erfreut die Hände. „Jedes Mal, wenn dir etwas danebengeht, sagst du doch, dass du es vorher gewusst hast! Stimmt's?"

„Ja", sagte Lisa nun ganz eifrig, „ich weiß es aber wirklich schon vorher. Ich sehe es fast genauso vor mir, wie es dann kommt."

„Siehst du, Lisa", sagte Florinda und lehnte sich entspannt auf ihrer kleinen Wolke zurück, „und genau da liegt das Problem."

Lisa sagte nichts, weil sie gar nichts verstand. Sie guckte nur fragend.

„Du siehst nicht etwa in die Zukunft", fuhr der kleine Engel gewichtig fort, „sondern du *ver-*

ursachst durch deine Erwartung genau das, was dann auch prompt kommt!"

„Das verstehe ich nicht", sagte Lisa nun höchst überrascht.

„Wenn du ganz fest davon ausgehst, dass dir etwas nicht gelingt", erklärte Florinda, dann wird es dir auch nicht gelingen. Alles, woran du glaubst, wird für dich wahr werden. Und wenn du halt denkst, dass du etwas nicht kannst, kannst du es auch nicht."

Lisa war verwirrt.

„Und wie kann ich das ändern?", fragte sie.

„Ganz einfach: Glaub in Zukunft, dass dir das gelingt, was du dir vornimmst. Denn dann wird es auch gut ausgehen. Stell dir die guten Ereignisse genauso intensiv und farbig leuchtend vor wie bisher die schlechten. Und du wirst sehen: Auf einmal wird dir viel mehr gelingen."

Lisa schwirrte der Kopf: Konnte es so etwas geben? Hatte sie denn tatsächlich selbst Schuld an dem, was ihr passiert war? Hatte sie es selbst verursacht, weil sie fast darauf gewartet hatte? – Dieser Gedanke schien ihr für einen Moment ganz furchtbar zu sein. Andererseits, überlegte sie nun aber schon weiter: Wenn es wirklich so war, dann wäre es ganz einfach, in Zukunft alles anders zu machen und das Glück auf seiner Seite zu haben, anstatt vom Pech verfolgt zu werden. Wenn sie sich etwas wünschte, dann brauchte sie nur noch daran zu glauben, dass es funktionierte, und schon würde es gehen.

Lisa war aufgeregt. Sie wollte das nun unbedingt sofort ausprobieren.

„Danke, Florinda", sagte sie daher rasch und winkte schon halb geistesabwesend zum Abschied, „danke für diesen Rat. Das muss ich gleich testen."

Das Engelchen kugelte sich vergnügt lachend auf seiner Wolke, winkte ebenfalls und flog wieder zurück in ihren Körper.

Von diesem Tag an erwartete Lisa, dass sich gute Ereignisse einstellen würden, und es war auch immer öfter so. Zu Anfang konnte sie es selbst kaum glauben, aber es ging tatsächlich nur noch sehr selten etwas schief. Und wenn ... dann lag es meist daran, dass sie in ihre alten Befürchtungen zurückgefallen war. Wenn sie aber fest daran glaubte, dass etwas gelingen würde und sogar das gute Ergebnis schon genau vor sich sah, hatte sie Erfolg.

„Wir werden noch eine richtige Musterklasse“, berichtete Karla beim Mittagessen ihrem Bruder. „Lisa hat es geschafft, ihr Pech loszuwerden; Magdalena ist fröhlich geworden und Heiko ist fast immer nett zu allen. Neulich hat er dem Lehrer sogar die Tür aufgehalten und der konnte es gar nicht fassen. Er hat sich immer wieder umgedreht, um zu schauen, ob Heiko ihm wohl einen Streich spielen wollte.“

Karla konnte eine ganze Weile nichts mehr essen vor lauter Lachen, als sie sich daran erinnerte.

„Joh, um damm?“, fragte Robert, gespannt kauend.

„Robert, schluck bitte erst runter, bevor du sprichst“, ermahnte die Mutter.

„Mmmpf!“, nickte Robert und bedeutete nun seiner Schwester mit hochgezogenen Brauen, sie solle fortfahren mit ihrem interessanten Bericht.

Glucksend erzählte Karla weiter: „Heiko gefiel das so gut, dass der Lehrer seinem guten Benehmen nicht traute, dass er den ganzen Tag besonders höflich zu allen war. Er meldete sich ständig und stellte gute Fragen. Wenn der Lehrer es ihm dann erklärt hatte, sagte er: ‚Vielen Dank, das war sehr interessant.‘“

Nun lag Karla fast unter dem Tisch vor Lachen.

„Was soll denn daran so lustig sein?“, fragte die Mutter leicht ungehalten.

Aber es hörte sie keiner, denn Robert bog sich inzwischen auch vor Lachen bei der Vorstellung.

„Der Lehrer“, japste Karla weiter, „du hättest ihn sehen sollen. Er bekam ganz rote Ohren. Das konnte doch nicht mit rechten Dingen zugehen. Ich glaube, er dachte, dass Heiko heute noch etwas besonders Furchtbares anstellen würde.“

Robert und Karla wollten sich schier ausschütten vor Lachen.

„Er ließ uns sogar zehn Minuten früher in die Pause gehen. Er war total nervös und ließ alle seine Bücher fallen, als er zur Tür herauseilte."

„Ein sensationeller Erfolg", stellte Robert anerkennend fest.

„Ja, das hat Heiko auch gesagt. So viel Spaß hätte er beim Unsinn-Machen nie gehabt wie heute beim Supernett-Sein."

„Hhhm", überlegte Robert nun. „Vielleicht sollte ich mit Hansi doch auch mal reden."

Hans ärgere dich nicht

Hans – oder Hansi, wie ihn alle riefen – war bei Robert in der Klasse. Auch er hatte inzwischen Wind bekommen von geheimen Beratern, die aus einigen unscheinbaren Graue-Maus-Kindern fröhliche und selbstbewusste Kinder gemacht hatten. So ganz dumm konnten sie also nicht sein, diese Berater. Wer immer sie auch waren.

Deshalb freute er sich, aber möglichst heimlich, als Robert ihn eines Tages ansprach. Hansi hatte nämlich auch ein Problem: Er ärgerte sich immer gleich über alle Maßen, wenn etwas Unvorhergesehenes passierte. Und er ärgerte sich nicht etwa so, wie andere das tun. Nein, er wurde fast jedes Mal fuchsteufelswild: Er begann zu schreien, zu stampfen und bekam einen so roten Kopf, dass man schon beim Zusehen Angst bekam.

Am Anfang war ihm gar nicht aufgefallen, dass nur er sich immer so sehr ärgerte. Aber nachdem ihn nicht nur seine Eltern, sondern auch seine Freunde und Klassenkameraden öfter darauf aufmerksam gemacht hatten, begann er, sich darüber Gedanken zu machen.

„So bin ich halt!“, maulte er meistens, wenn ihn jemand darauf ansprach. Aber besonders wohl fühlte er sich mit dieser Antwort nicht.

Und deshalb freute er sich, als Robert auf ihn zukam, um ihm von einer möglichen Hilfe zu erzählen.

Robert amüsierte sich königlich, als Hansi sagte, ihm sei schon aufgefallen, dass einige Kinder neuerdings „geheime Berater“ hätten. Aber natürlich erklärte er Hansi gern alles ganz genau. Hansi nickte sehr verständig und versprach, es zu Hause gleich auszuprobieren. Ein paar Tage später jedoch kam er mit hängendem Kopf zu Robert. Ob es denn auch wirklich wahr sei, dass jeder einen Wunschfänger-Engel habe, wollte er wissen, oder ob Robert sich über ihn habe lustig machen wollen.

„Nein, natürlich nicht!“, Robert riss ganz erschrocken die Augen auf. Er hatte Hansi doch helfen wollen.

„Bei mir kommt aber keiner, egal was ich auch mache“, schniefte Hansi jetzt. „Kannst du nicht mal deinen Wunschfänger-Engel für mich fragen?“

Hoffnungsvoll schaute er Robert an. Robert sah keinen Grund, warum er das nicht tun sollte, und sagte zu. Er würde es heute Abend versuchen und morgen früh noch mal probieren, sagte er. Und Hansi wollte sich fast schon wieder ärgern, dass Robert ihm nicht gleich hatte Auskunft geben können. Aber dann merkte er, dass er ja genau das ändern wollte. Und er begnügte sich daher damit, gespannt auf den nächsten Tag zu sein.

In der Nacht schlief er schlecht vor Aufregung: Was würde Roberts Wunschfänger-Engel wohl sagen? Am nächsten Morgen war er schon eine Viertelstunde früher in der Schule und wartete ungeduldig auf Robert.

„Und, was hat er gesagt?“, bestürmte er Robert, als dieser ins Klassenzimmer kam.

„Guten Morgen, Hansi!“, sagte Robert zuerst einmal.

„Ja, ja, Entschuldigung, guten Morgen. Was hat er denn nun gesagt?“ So aufgeregt war er normal nur vor einer Klassenarbeit.

„Nun“, sagte Robert nachdenklich, „ich muss sagen, dass ich dabei auch etwas gelernt habe. Ich habe zwar nicht die Angewohnheit, mich über alles aufzuregen, aber ich glaube trotzdem, dass ich den Rat des Wunschfänger-Engels auch ganz gut gebrauchen kann.“

„Was denn nun?“, flehte Hansi Robert an.

„Also“, Robert sprach mit gedämpfter Stim-

me, „mein Wunschfänger-Engel hat gesagt, dass wir mal darauf achten sollen, was wir sagen, wenn wir uns ärgern. Wir sagen nämlich immer: ‚Ich ärgere mich.' Egal ob über einen bestimmten Menschen oder eine bestimmte Situation, immer ärgere *ich mich*. Fällt dir was auf? – Da hat also sonst gar niemand etwas damit zu tun. Wir selbst sind es, die uns ärgern."

„Ja und?", fragte Hansi verdutzt.

„Naja", grinste Robert, „wenn nur wir uns – ganz allein – selbst ärgern, dann können auch nur wir ganz allein aufhören, uns zu ärgern. Wir entscheiden selbst darüber. Wir müssen uns nicht ärgern bei bestimmten Dingen. Das merkt man ja auch daran, dass sich die einen über irgendetwas ärgern und die anderen nicht. Es scheint also wirklich nicht das, was passiert, ausschlaggebend zu sein, sondern die Einstellung des Einzelnen."

So ganz klar war das Hansi noch immer nicht.

„Und was ist, wenn die anderen mich ärgern?", klagte er.

„Nicht die anderen ärgern dich, sondern du ärgerst dich *über* die anderen. Du selbst – und ganz allein. Also kannst du selbst auch entscheiden, dass du dich nicht ärgerst. Und außerdem ändert dein Ärger ja auch nichts an der Situation. Du kannst dich noch so sehr ärgern, die anderen oder die Situation werden sich nicht ändern. Im Gegenteil: Wenn du dich über andere aufregst, werden die wahrscheinlich immer weitermachen. Wenn du aber gar nicht reagierst, werden sie meist schneller damit aufhören!"

Dieser Rat kam Hansi bekannt vor. Auch Ralf, sein bester Freund, sagte in solchen Situationen immer, dass es das Beste sei, andere, die einen gerade ärgern wollten, gar nicht zu beachten.

Noch etwas nachdenklich und nicht ganz sicher, ob er das Ganze richtig verstanden hatte, bedankte er sich bei Robert. Es war auch schon acht Uhr und die Lehrerin kam gerade herein.

Hansi legte sich zuerst einmal noch eine Menge Ausreden im Kopf zurecht, warum die anderen doch schuld daran wären, wenn er sich ärgerte. Aber ihm fiel immer wieder ein, dass eigentlich nur *er sich* ärgerte und dass ihn niemand zwingen konnte, sich zu ärgern. Irgendwie kam er sich auf einmal albern vor bei der Vorstellung, dass der Einzige, den es wirklich störte, wenn er sich ärgerte und Wutausbrüche bekam, er selbst war. Und so ärgerte er sich jeden Tag ein Stückchen weniger. Das fiel seinen Klassenkameraden und Freunden auf. Und sogar Ralf sagte, dass man jetzt viel besser mit ihm spielen könne.

Und wenn er doch mal wieder zu stampfen und toben begann, grinste Robert breit und fing an zu singen: „Lass den Griesgram griesig sein, denn über deine Laune entscheidest du allein …“

„Depp!“, knurrte Hansi dann meistens. Aber sich so richtig weiterärgern konnte er dann auch nicht. Und manchmal musste er sogar lachen.

Es war schon was dran gewesen am Rat von Roberts Wunschfänger-Engel. Und wenn er weiterübte, dann würde er auch irgendwann noch Kontakt zu seinem eigenen Wunschfänger-Engel bekommen, davon war er fest überzeugt. Und wenn man so richtig überzeugt ist von etwas, dann passiert es auch irgendwann …

Robert war ausgesprochen stolz auf sich. Erstens, weil er Hansi überhaupt hatte helfen können, und zweitens, weil es Roberts Wunschfänger-Engel gewesen war, der den guten Rat gewusst hatte. Als er Karla davon erzählte, meinte sie, dass die Wunschfänger-Engel inzwischen so vielen Kindern geholfen hätten, dass man schon eine kleine Party geben könnte ... mit allen. Und wieso eigentlich nicht?

Robert fand, dass dies eine ganz hervorragende Idee sei. Er lief gleich aus dem Haus, rüber zu Clarissa und läutete Sturm. Als Clarissa aufmachte und er sie fragte, was sie von einer Wunschfänger-Engel-Party halte mit allen Kindern, die schon mal mit ihren Wunschfänger-Engelchen geredet hätten, und natürlich auch mit den Engeln, war sie ebenfalls gleich Feuer und Flamme.

Ein kurzer Telefonrundruf ergab, dass die Idee allen gefiel. Und so fand – nicht viel später – ein großes Fest im Garten von Robert und Karla statt: das Wunschfänger-Engel-Fest mit allen Kindern und allen Wunschfänger-Engelchen, die in diesem Schuljahr miteinander in Kontakt gekommen waren. Das Fest war ein rauschender Erfolg und besonders die Engelchen hatten viel Spaß dabei.

Bärbel Mohr, Jahrgang 1964, begann das Schreiben 1995 hobbymäßig mit einer eigenen Zeitschrift. „Bestellungen beim Universum" verteilte sie zunächst in kopierter Form bevor es 1998 als Buch erschien. Inzwischen (Herbst 2005) sind insgesamt über eine Million Bücher von ihr verkauft worden und das erste Buch ist in 10 Sprachen übersetzt worden. Infos über alle Bücher, Seminare und Vorträge u.v.m. erhält man auf www.baerbelmohr.de oder www.bmakademie.de

Clemens Maria Mohr, Jahrgang 1960, gibt seit 15 Jahren Mental- und Motivationstrainings. Zu seinen Kunden gehören Großkonzerne, mittelständige Betriebe und Sportverbände. Offene Trainings von ihm findet man unter www.bmakademie.de
Weitere Informationen über ihn unter ww.clemensmariamohr.de

Stefan Stutz, Jahrgang 1967, arbeitet als Illustrator für Werbung, Unternehmen, Zeitschriften, Kino, Fernsehen und Verlage.
Tel.: 040/64 89 23 76, 01 72/4 31 05 22
E-Mail: stefanstutz@yahoo.de

Bärbel Mohr/Dieter M. Hörner

Der Wunschfänger-Engel

Der Bestseller jetzt als Hörbuch-CD:
die Abenteuer der kleinen Karla an der Seite ihres Wunschfänger-Engels – erzählt von Bärbel Mohr. Ein Vergnügen für kleine und große Besteller beim Universum!

Hörbuch-CD,
40 Minuten
Gesprochen von Bärbel Mohr
€ 10,90 (D) / sFr. 19,90
ISBN 3-934647-68-5

Charles Duffie

Der Maulwurf und die Eule

Eine romantische Fabel über das Abenteuer der reinen Liebe

Was haben ein Maulwurf und eine Eule gemeinsam? Nichts, auf den ersten Blick. Und doch finden ein schüchterner, sensibler und oft auch ängstlicher Maulwurf und eine prachtvolle, weltoffene Eule zueinander und können fortan nicht mehr ohne einander sein. Dieses kleine poetische Meisterwerk voll emotionaler Intensität erzählt von der Sehnsucht, die in uns allen wohnt: nach der wahren Liebe im Leben. Es handelt von Verzweiflung und Angst, von Hoffnung und Vertrauen, von Selbstbemeisterung und von der verwandelnden Kraft der reinen Liebe.

88 Seiten, Efalin mit Schutzumschlag
Großformat, durchgehend 4-farbig
€ 17,90 (D) / sFr. 30,50
ISBN 3-934647-25-1

CD, erzählt von Markus Hoffmann
Hörbuch, 3 CDs, 180 Minuten
€ 22,90 (D) / sFr. 40,60
ISBN 3-934647-34-0

Neale Donald Walsch

Ich bin das Licht!

Diese schlichte und dabei so kraftvolle Geschichte möchte Kindern helfen zu verstehen, warum manchmal „schlimme" Dinge geschehen. Sie verrät auch, warum es ganz in Ordnung ist, sich selbst als etwas Besonderes anzusehen. Und schließlich zeigt diese Erzählung, dass Gott uns alle ohne Unterschied liebt und selbst die Menschen, die wir nicht für unsere Freunde halten, Gottes Engel in Verkleidung sein können und ein Geschenk für uns haben: die Möglichkeit, durch Toleranz, Verständnis und Vergebung zu wachsen.

32 Seiten, gebunden, Großformat,
durchgehend 4-farbig
€ 14,90 (D) / sFr. 25,80
ISBN 3-929475-89-8

Korrektorat: Sylvia Schaible
Titelgestaltung: Roland Rocke, unter Verwendung einer
Illustration von Stefan Stutz
Layout und Satz: Rosi Weiss

Edition Sternenprinz im Hans-Nietsch-Verlag
Poststr. 3 · D-79089 Freiburg
Internet: www. sternenprinz.de; www.nietsch.de
E-Mail: sternenprinz@sternenprinz.de; info@nietsch.de

ISBN 3-934647-87-1